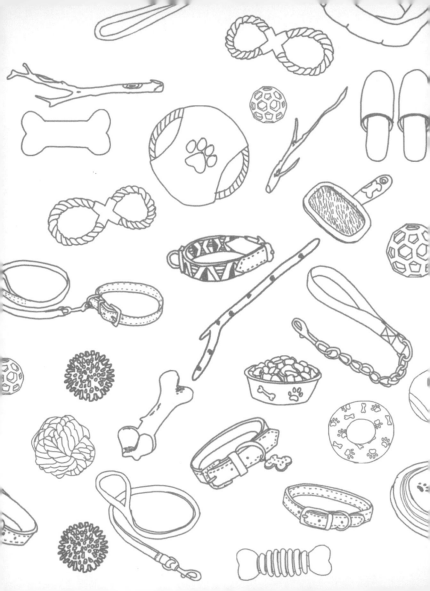

KEEP CALM

y aprende de los

PERROS

Alison Davies

Ilustraciones de Hanna Melin

LIBROAMIGO

«El regalo que te envío es un perro, y es de hecho el bien más PRECIADO y VALIOSO de la humanidad.»

Theodorus Gaza

ÍNDICE

—

Vivir con más guau 12

Amigos para siempre 30

Entusiasmo canino 48

Sigue tu olfato 68

Ladra fuerte 88

Sé tu propio líder 108

El poder de la patita 126

«He descubierto que cuando estamos profundamente desazonados, hay cosas que se obtienen de la COMPAÑÍA DEDICADA y SILENCIOSA de un perro que no se pueden obtener de ningún otro lado.»

Doris Day

Los perros son veloces, atrevidos y dinámicos

Tanto si permanece firme a tu lado como si corre con su manada, haga lo que haga el perro, lo hará al ciento diez por cien. Un perro tiene un gran corazón y no le da miedo usarlo; ya sea amándonos incondicionalmente o lamiéndonos la cara con gusto, todo nace de un gran afecto y un profundo vínculo que ha resistido al paso del tiempo.

No juzgan, no caen en favoritismos caninos: siempre ven lo mejor en ti.

Tú eres su centro, solo tiene ojos para ti, porque la mirada de los perros va más allá de la superficie. Para ellos la apariencia no importa, lo que cuenta es lo que se lleva dentro.

Un fiel confidente, compañero de aventuras y aliado de por vida, el perro supera los límites del tiempo y el espacio. En el folklore es el salvador del hombre, guiando almas perdidas a su lugar de descanso; y aunque algunos mitos retratan al perro como portador de mal augurio y un presagio de lo que está por llegar, la mayoría lo identifica como un símbolo de fidelidad y de todo lo que es bueno.

Para los nativos americanos, los perros blancos auguraban buena fortuna, especialmente cuando aparecían en grupos de tres. El ladrido de un perro también se consideraba una buena señal y significaba que los cultivos florecerían. Hécate, la sabia diosa griega de la Luna, se representa a menudo en compañía de un perro negro, y algunos afirman que solo la vista de los canes es lo suficientemente aguda para observarla deambulando por la Tierra de noche.

«LOS PERROS SON NUESTRA CONEXIÓN CON EL PARAÍSO. NO CONOCEN LA MALDAD, LOS CELOS O EL DESCONTENTO. SENTARSE CON UN PERRO EN UNA COLINA DURANTE UNA GLORIOSA PUESTA DE SOL ES ESTAR DE VUELTA EN EL EDÉN, DONDE NO HACER NADA NO ES ABURRIMIENTO, SINO PAZ.»

Milan Kundera

Dejando de lado las supersticiones, hay algo que rodea a nuestros amigos peludos que huele a magia. Gracias a su olfato extremadamente desarrollado son capaces de alertarnos ante peligros y enfermedades, además de rastrear el trozo de carne que lleva olvidado en el fondo de la nevera desde Navidad.

Están a nuestro lado en cada paso que damos en el viaje de la vida, y nunca fallan a la hora de marcarnos el camino, levantarnos el ánimo y recordarnos lo importante que es divertirse.

Tiene sentido, entonces, que estas maravillosas criaturas que menean la cola tengan mucho que aportarnos, ya sea depositando pelotas de tenis y huesos a nuestros pies o enseñándonos el arte zen del guau-guau.

En las páginas de este libro encontrarás un montón de normas de etiqueta perruna y consejos y trucos para estar siempre atento y dispuesto a dar saltos de alegría como los perros. Una dosis de confort canino junto con los simples y divertidos placeres que tanto contribuyen al bienestar de todos los canes. Alégrate, sé feliz, y descubre tu lado perruno, pero sobre todo muestra tu corazón con orgullo, mantén a tu manada cerca y... **¡APRENDE DE LOS PERROS!**

VIVIR CON MÁS GUAU

Si los perros pudieran hablar, su palabra favorita sería **SÍ**, seguida de **SÍ**, y después un ¡**SÍ**, **SÍ**, **SÍ**! dicho con un entusiasmo cada vez mayor.

Lo gritarían, lo cantarían y lo corearían ante cualquier oportunidad, porque el **SÍ** es lo suyo. Es la única palabra que cuenta y tu única filosofía si perteneces al clan de los perros. Conocido por los canes en todas partes como el factor del **SÍ**. Es una actitud que abre puertas, cuánto más **SÍ** tienes, más **SÍ** quieres. Cuando dices que **SÍ** todo es posible: ya sea echarse una carrera desenfrenada por el parque del barrio o atrapar una salchicha que cae por accidente de una barbacoa.

Todos los perros saben que la vida se convierte en un bufé libre de tesoros irresistibles si abres tu corazón. Ellos exploran, aprenden, juegan y abrazan lo desconocido como si siempre fuera su primera vez. No necesitan más que pequeños detalles maravillosos para enloquecer de alegría. Y aunque a ti pueda parecerte una estupidez, el perro no malgasta su tiempo buscando un significado más profundo.

LA VIDA ES PARA VIVIRLA SIN
PREOCUPARSE POR EL RESULTADO FINAL.

El presente lo es todo: aquí, ahora y en este momento, tratando de atrapar esa escurridiza cola hasta quedar deliciosamente mareado de pura euforia.

Los perros pueden parecer impulsivos, pero lo tienen clarísimo.

Saben que tomar la dirección del "no" les lleva a un lugar triste. Un lugar donde no ocurre nada emocionante. Un callejón sin salida del que no hay escapatoria. El camino del **SÍ**, en cambio, está lleno de posibilidades. Es un espacio para respirar y correr. Un sitio para echar carreras, hurgar, buscar y robar comida. Nuestras mascotas no nos tienen nada que envidiar. Puede que no siempre tengan un plan, pero ¿a quién le importa eso?

Todos los perritos saben que se trata de lanzarse con guau porque no es el destino lo que importa, lo realmente divertido es el camino.

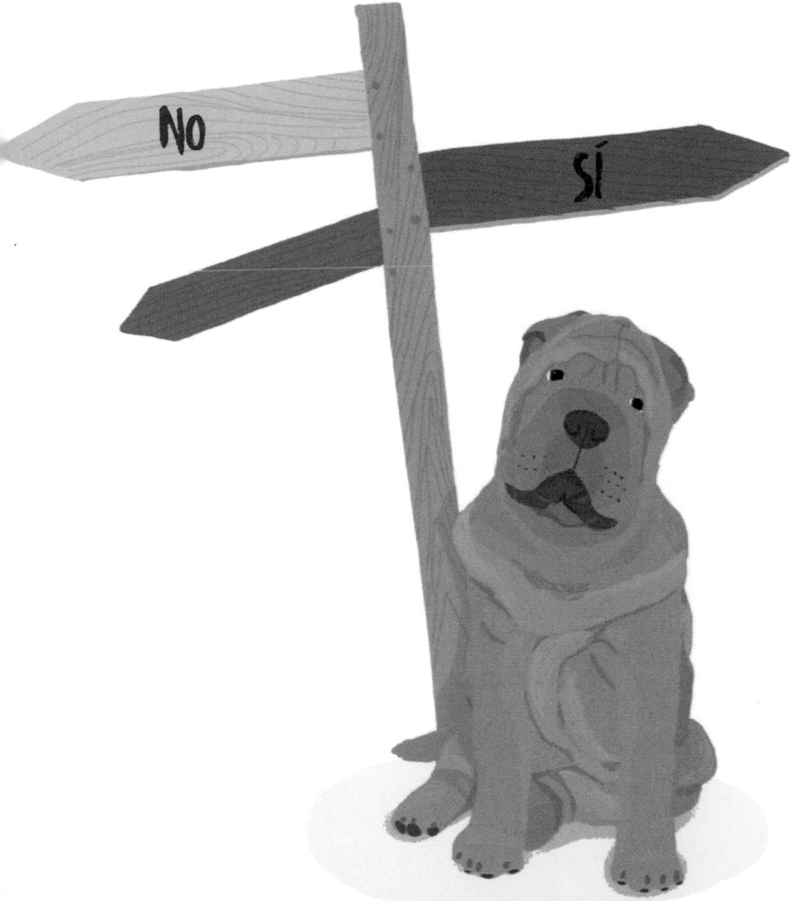
No
Sí

Adopta la actitud del "sí"

Para los canes decir "sí" es algo fácil que les sale de forma natural; en cambio, para nosotros, a veces puede resultar difícil hacer lo mismo. No permitas que el miedo te frene. Di "sí" a nuevas experiencias y amplía tus horizontes siguiendo estos consejos perrunásticos.

PASO UNO – "Sí" a ti mismo/a.
Cuando te levantes por la mañana, mírate al espejo y di "¡Sí!" Este es un nuevo día, una página en blanco y tú eres el/la líder de la manada.

PASO DOS – "Sí" a nuevos retos.
Ya sea un día de rutina en el trabajo o en tu tiempo libre, aprovéchalo al máximo y acepta los desafíos que se te presenten.

Piensa en un problema como si fuera una oportunidad para aprender, en lugar de salir corriendo, afróntalo y corre hacia él como si fuera tu juguete favorito.

PASO TRES – "Sí" a algo que normalmente rechazarías.

Tanto si es una invitación a una fiesta donde no conoces a nadie como la oportunidad de probar una actividad diferente, cuenta hasta tres, respira hondo y piensa para ti "¡Sí, puedo hacerlo!". Después dilo en voz alta y esta vez en serio.

PASO CUATRO – "Sí" a ofrecer ayuda.

Si ves a alguien que necesita ayuda, no dudes en echarle una mano. Este tipo de "sí" es el mejor de todos, pues lo que estarás haciendo tendrá un propósito y al mismo tiempo te hará sentir genial.

PASO CINCO – "Sí" a tus sueños.

Piensa en tus sueños y objetivos en la vida e imagina haberlos cumplido. Fíjate en cómo te ves y cómo te sientes. Di "¡Sí, mis sueños me pertenecen!" Asegúrate de sentir entusiasmo por lo que te aguarda el futuro, ya sea dentro de un año, un mes o tan solo en unos pocos minutos.

Ríete de ti mismo

Cinco formas agradables para dejarse llevar por el momento y divertirse.

- Deja de hacer lo que estás haciendo ahora mismo. Respira y observa cómo te sientes, lo que ves, oyes, hueles y saboreas.

- Recuerda un momento de tu vida en el que te divertiste. Rememora ese momento y revívelo. Sonríe y ríete mientras vuelves a experimentarlo.

- Haz una mueca graciosa delante del espejo. Haz el ridículo tanto como sea posible durante unos segundos cada día y disfruta haciendo tonterías.

- Ponte música alegre que te anime a lucirte y ve a por ello.

- Busca un lugar donde nadie pueda molestarte —una colina, tu jardín, un armario— y grita "¡Yuuujuuu!" a voz en grito.

APRENDE DE LOS PERROS

Cuando las dudas invadan tu mente, aprende de los perros y ahuyéntalas. En lugar de preocuparte, actúa. Tómate un tiempo de descanso y sal a pasear. Imagina que con cada pisada eliminas las preocupaciones. Cuanto más rápido te muevas, más miedo vencerás. Activa la circulación sanguínea y aumenta la velocidad, entonces, cuando estés sin aliento, desacelera, relájate y disfruta de tu entorno.

«Mi perrito... un latido de **CORAZÓN** a mis pies.»

Edith Wharton

Vive con más guau

No importa que sea un zapato gastado, una pelota de tenis o la simple vista de un campo abierto de hierba recién cortada, los perros saben que hay emoción en todo si se contempla con el corazón. Con el tiempo, el zapato mordido se convierte en un objeto bello, es un juguete diferente, único para su propietario, cubierto de distintas capas de polvo por descubrir. La pelota de tenis volando a toda velocidad por el aire y aterrizando en los lugares más insospechados se convierte en contrincante ideal del perro juguetón. Y para el perro soñador, el campo de hierba simboliza nuevas oportunidades, un territorio inexplorado y enigmático donde cada brizna de hierba tienta a los sentidos. La percepción lo es todo, y cualquier perro te diría...

**Si buscas diversión
y no la encuentras,
transfórmate en ella.**

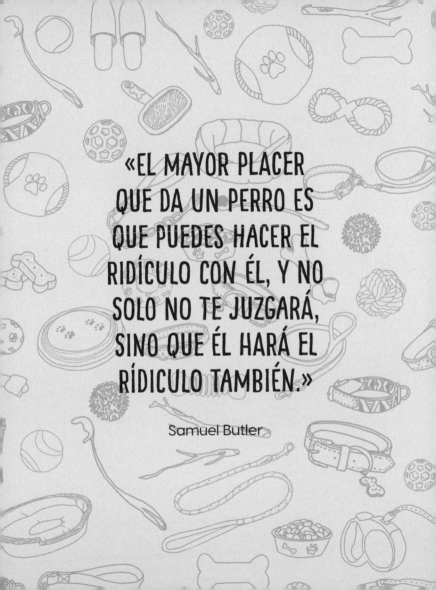

«EL MAYOR PLACER
QUE DA UN PERRO ES
QUE PUEDES HACER EL
RIDÍCULO CON ÉL, Y NO
SOLO NO TE JUZGARÁ,
SINO QUE ÉL HARÁ EL
RÍDICULO TAMBIÉN.»

Samuel Butler

APRENDE DE LOS PERROS

Los perros aprecian lo que tienen y lo que reciben. Desde su punto de vista entusiasta todo es útil y puede ser especial. Sigue su ejemplo y piensa en tres cosas, grandes o pequeñas, que te hayan sucedido hoy y enumera los aspectos positivos. Por ejemplo, puede que esta mañana hayas perdido el autobús al trabajo; sin embargo, eso te ha dejado tiempo para recuperar el aliento y charlar con alguien nuevo en la parada del autobús.

Da gracias por lo que tienes y por lo que recibes y pronto descubrirás que la felicidad está en todas partes.

Hora del recreo

Haz del aburrimiento una cosa del pasado cambiando tu percepción. Coge un objeto aleatorio y dale un nuevo significado y propósito. Imagina que tiene poderes secretos. ¿Cuáles serían? ¿Cómo los usarías? Diviértete y deja vagar tu mente creando un escenario en el que puedas usar el objeto de manera diferente. Permitirte soñar despierto/a y ser creativo/a puede que no te parezca muy productivo; no obstante, es el primer paso para que la felicidad llame a tu puerta.

MANTRAS PERRUNOS

MÁS ACCIÓN Y MENOS PREOCUPACIÓN

—

HAZ OÍR TUS GUAUS

—

CORRE CON LA MANADA

—

ENCUENTRA LA DIVERSIÓN, SÉ LA DIVERSIÓN

—

DI SIEMPRE ¡SÍ, SÍ, SÍ!

«El perro fue creado ESPECIALMENTE PARA LOS NIÑOS. Es un dios de los juegos.»

Henry Ward Beecher

AMIGOS PARA SIEMPRE

El vínculo entre humano y animal siempre es especial, y cuando se trata de perros es tan fuerte como el acero.

Las cadenas de este vínculo no se han forjado en los fuegos del Monte del Destino del Mordor perruno, sino que forman parte del ADN canino, haciendo que estar cerca de su manada sea lo más importante para todos los perros independientemente de su raza y tamaño. Es más que socializar: es un modo de vida. Los perros corren juntos por elección. Cada manada toma forma con sus líderes al frente. Estos buscan comida, protegen y se adelantan al resto del grupo, mientras las almas más sensibles se mantienen a la retaguardia, pendientes de posibles amenazas.

En el medio encontramos a los mediadores, siempre dispuestos a motivar con sus alegres ladridos o dado el caso a suavizar posibles conflictos con su actitud calmada. Es el orden natural de las cosas, que funciona porque cada perro acepta su rol y es consciente de su valor para el conjunto de la manada. Pero no termina aquí.

EL COMPAÑERISMO ES UNIVERSAL.

No importa quién seas: si estás con un perro, estás con tu familia.

El peso de tal aceptación es la base del bienestar de nuestros amigos caninos, y esta aceptación ha de ser mutua. El amor perruno debe fluir entre vosotros y uniros de la misma manera como la cuerda os conecta durante los paseos. Da igual quién tira de la cuerda, tú o el perro, el resultado es siempre el mismo: una conexión inquebrantable.

Un mejor amigo de cuatro patas te dura toda la vida, y a veces incluso más, como demuestra el caso del pequeño Greyfriars Bobby. Este leal Skye Terrier se enfrentó a la muerte con ladridos cuando su querido dueño falleció en el siglo XIX. Según el folklore, montó una paciente guardia en la tumba de su amo en Edimburgo durante catorce años. Sus visitas nocturnas se convirtieron en un espectáculo bastante popular, hasta que Bobby encontró su propia muerte, y con algo de suerte quizás también a su dueño en el otro lado.

Incluso reyes legendarios se han beneficiado de su alianza con un perro. Cavall (también conocido como Cabal), el fiel perro de caza del rey Arturo, es conocido por haber matado al jabalí sobrenatural Twrch Trwyth. Durante la legendaria cacería, el perro imprimió su huella en una piedra que Arturo colocó sobre un montículo de piedras para honrar las hazañas de su fiel amigo. El lugar, llamado Carn Cabal, se convirtió en un punto de referencia popular y la gente venía de todas partes para intentar robar la piedra sagrada. Sin embargo, sus esfuerzos fueron en vano, pues la piedra de Cavall siempre regresaba al lugar donde su amo la había colocado.

El caso es que los perros aparecen en nuestras vidas para quedarse. Leales desde la punta de las orejas hasta el extremo de su cola, una vez que han encontrado a su manada, se pegan a ella como lapas.

Esto los convierte en el mejor amigo que cualquiera, hombre o animal, puede desear.

Crea una comunidad

Un sentimiento de compañerismo proporciona fuerza, estabilidad y una gran sensación de felicidad. Por lo tanto, no es de extrañar que los perros siempre estén saltando de alegría. ¿Sientes el amor en tu vida? Si crees que te falta una manada, o simplemente sientes la necesidad de darle un impulso a tus relaciones, entonces intenta crear una comunidad al estilo canino.

PASO UNO
Dedica tiempo para tus amigos y familiares. Haz una lista de aquellas personas que son importantes para ti y cuyo tiempo y compañía valoras.

PASO DOS
Echa un vistazo a tu agenda del pasado año y observa cuánto tiempo has pasado con las personas que realmente valen la pena, desde asistir a eventos especiales o comidas, hasta simplemente pasar el rato con ellas.

PASO TRES
Si sientes que has desatendido a alguien de tu lista, ahora es el momento de hacer cambios. Piensa en las actividades que puedes hacer con esa persona en los próximos meses para demostrarle lo mucho que significa para ti. Invierte tiempo y energía en esa relación y verás como enriquecerá.

PASO CUATRO

Una hermandad funciona reuniendo a personas de diferentes ámbitos de la vida, igual que un perro crea su manada con aquellos con los que comparte su tiempo, incluso si no son de la misma especie. Organiza encuentros y salidas para reunir a diferentes grupos de amigos.

PASO CINCO

Deja que todos encuentren su lugar en el grupo. Algunos serán más sociables y otros más sensibles a las necesidades de los demás. Cada persona desempeña un papel y aporta algo que se le da bien. Permite que cada uno escoja su función en el grupo para lograr un buen equilibrio.

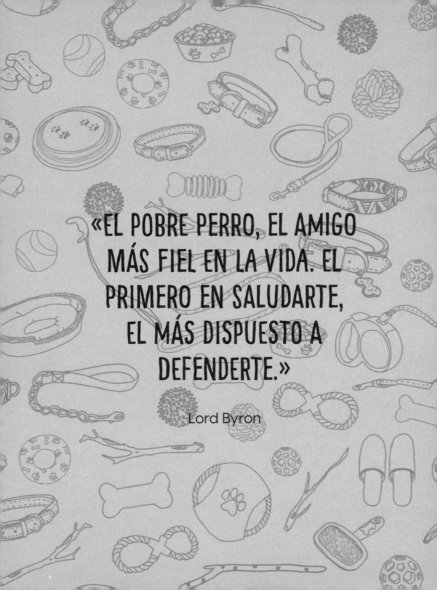

«EL POBRE PERRO, EL AMIGO MÁS FIEL EN LA VIDA. EL PRIMERO EN SALUDARTE, EL MÁS DISPUESTO A DEFENDERTE.»

Lord Byron

APRENDE DE LOS PERROS

Los perros comparten amor a diario, ya sea acercando su hocico húmedo contra tu mejilla o dándote besos con sus efusivos lametazos. Mostrar este grado de afecto hacia tus seres queridos puede parecer demasiado exagerado, aun así es importante hacerles saber a menudo lo mucho que significan para ti. Comienza poco a poco con un cumplido cada día y verás cómo adquieres el hábito de exteriorizar tu aprecio más y más.

Corre con tu manada

- **Ya sea nariz con nariz, o cualquier otra parte del cuerpo, los perros suelen establecer contacto con frecuencia.**
Intenta hacer lo mismo conectando con amigos, familiares, compañeros del trabajo y vecinos. El simple hecho de preguntarle a alguien cómo se siente ya es un comienzo, e incluso puede ser un gran apoyo para aquellos que sufren de soledad.

- **Los perros juegan juntos porque saben que la diversión compartida con amigos siempre se duplica.**
Haz planes con tus amigos o familiares enfocados a un propósito concreto: cualquier actividad, desde entrenar para un maratón o asistir a una clase de arte, estrechará los lazos entre vosotros al compartir un objetivo común.

- **Mira el lado divertido de las cosas.**
Intenta reírte con los demás a menudo. Hacer el tonto en compañía de otras personas es más divertido que revolcarse solo en el barro.

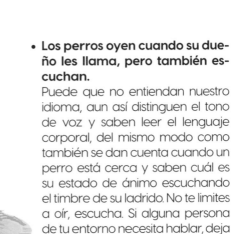

- **Los perros oyen cuando su dueño les llama, pero también escuchan.**

  Puede que no entiendan nuestro idioma, aun así distinguen el tono de voz y saben leer el lenguaje corporal, del mismo modo como también se dan cuenta cuando un perro está cerca y saben cuál es su estado de ánimo escuchando el timbre de su ladrido. No te limites a oír, escucha. Si alguna persona de tu entorno necesita hablar, deja que lo haga.

APRENDE
DE LOS PERROS

Si has perdido el contacto con alguien y quieres volver a conectar con esa persona, visualízala de pie frente a ti. Imagina que ambos sostenéis un extremo de una cuerda larga que se va acortando poco a poco, acercándoos hasta que os encontráis cara a cara.

Visualiza cómo os fundís en un abrazo, y mientras tanto la cuerda desaparece y vuestros corazones conectan entre sí. A continuación, ponte en contacto con esa persona. Puedes hacerlo por teléfono, mensaje, correo electrónico o carta, la forma de comunicación que prefieras según la situación.

«CUANDO EL HOMBRE SE DESPERTÓ, PREGUNTÓ: "¿QUÉ HACE PERRO SALVAJE AQUÍ?" Y LA MUJER RESPONDIÓ: "SU NOMBRE YA NO ES PERRO SALVAJE, SINO MEJOR AMIGO, PORQUE SERÁ NUESTRO AMIGO POR SIEMPRE JAMÁS."»

Rudyard Kipling

Fortalece tus vínculos

No hay que ser canino para construir lazos fuertes con los que te rodean. Los recuerdos son la clave para mantener las relaciones unidas.

Puedes buscar una caja de tu agrado o bien utilizar una vieja caja de zapatos y decorarla de manera especial. Esta va a ser tu caja de los recuerdos. Llénala de fotos y de tesoros y recuerdos de momentos especiales.

Procura ir añadiendo recuerdos a la caja cada dos semanas y no olvides sacarlos de vez en cuando para revivir los momentos de diversión.

MANTRAS PERRUNOS

EL AMOR ES COSA DE DOS

—

ELIGE AMIGOS CON PEDIGRÍ

—

CARA A CARA ES CORAZÓN CON CORAZÓN

—

DIVERSIÓN COMPARTIDA, DIVERSIÓN DOBLE

—

CONECTA CON TUS AMIGOS

«El dinero puede comprarte un buen perro, pero solo el amor puede hacerle **MENEAR LA COLA.**»

Richard Friedman

ENTUSIASMO CANINO

Según el código perruno, cada situación tiene un lado positivo si estás dispuesto a seguirle el rastro.

El mundo es un lugar increíblemente maravilloso cuando se enfoca con una actitud positiva, y nuestros amigos peludos no pierden ninguna oportunidad de menear la cola con entusiasmo. Pero la cola de un perro también tiene una historia propia que contar. Lejos de ser un bonito accesorio inútil, la cola es importante para su equilibrio. Ayuda a lo perros a mantener su dirección y esquivar obstáculos cuando corren dando saltos a toda velocidad, y actúa como un timón en el agua.

A simple vista, la cola es una herramienta práctica, pero ¿qué pasa con el famoso meneo? Contagioso y desde luego atractivo, deletrea entusiasmo con una ¡E mayúscula! La mayoría de las veces, y particularmente cuando se inclina hacia la derecha, el movimiento de la cola expresa alegría, pero si se inclina a la izquierda, puede que la euforia se haya convertido en angustia. Sea como sea, una cola en movimiento es un reclamo de atención y significa: "¡Hacedme caso!" Es una llamada a la acción.

Debajo del frenesí del meneo se encuentra un mensaje más profundo: conecta conmigo, con la vida, y hazlo ahora mismo.

Ha llegado el momento de mostrar entusiasmo. De menear la cola. De lucir y sacar lo mejor de uno mismo. No importan las malas rachas. Metafóricamente hablando acabas de pisar una caquita ¿y qué pasa? Sacude el pie. Mueve el culo. Pasa página y disfruta del día. Por cierto, aunque a ti no te haga mucha gracia, hay gente que considera que pisar una mierda trae buena suerte, sobre todo si lo haces con el pie izquierdo.

De todo se aprende, eso dijo el perro. El aroma del éxito es dulce, pero el tufillo a fracaso también puede transformarse en una nueva aventura, una lección aprendida a base de esfuerzo. Cuando las cosas se pongan difíciles, no te quedes con el rabo entre las piernas.

Levántate y date cuenta de que tienes aún más razones para encarar la vida con optimismo, luego agradece tus bendiciones, mira hacia el futuro, y siempre ladra al lado positivo de la vida.

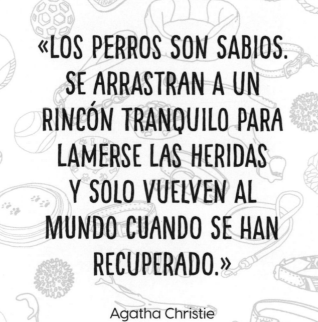

«LOS PERROS SON SABIOS.
SE ARRASTRAN A UN
RINCÓN TRANQUILO PARA
LAMERSE LAS HERIDAS
Y SOLO VUELVEN AL
MUNDO CUANDO SE HAN
RECUPERADO.»

Agatha Christie

Menea tu cuerpo

A los humanos nos gusta complicarnos la vida, en cambio, los perros buscan la simplicidad y siempre encuentran algún motivo para moverse con entusiasmo. Practica estos pasos al comienzo o al final de cada día y aprende a sacudir tus problemas al estilo canino.

PASO UNO
Coloca las manos debajo del ombligo con las palmas hacia abajo y concéntrate en la respiración.

PASO DOS
Alarga cada respiración dos segundos y disfruta de la sensación de relajación profunda que surge de tu vientre.

PASO TRES
Sonríe, aunque no te sientas con ganas. Dibuja la sonrisa más amplia y alegre que puedas, y luego sigue respirando profundamente.

PASO CUATRO

Sacude suavemente los brazos y las piernas, aumenta el ritmo hasta mover todos los músculos y todas las partes de tu cuerpo. Imagina que con cada sacudida liberas todas tus preocupaciones y todos tus miedos.

PASO CINCO

Para terminar, levántate, respira profundamente y exclama: "¡Estoy lleno/a de energía positiva!"

«EL SOL NO BRILLA EN
EL TRASERO DEL MISMO
PERRO TODO EL TIEMPO.»

'Catfish' Hunter

Cinco razones para ser caninamente feliz

1 **Puede que afuera esté lloviendo, nada más que una fantástica oportunidad para jugar bajo la lluvia.**

Vale, las cosas no te están saliendo como te gustaría. Tal vez ha llegado el momento de probar una nueva manera. Acéptalo, adapta tu método y disfruta de la sorpresa de hacer algo diferente.

2 **Puede que hayas perdido tu pelota favorita, sin embargo te has divertido durante horas intentando encontrarla.**

Aún no has alcanzado tu meta, pero ¿y todo lo que has aprendido en el camino? ¿Cuántas nuevas habilidades has adquirido que te servirán en el futuro? No siempre se trata del destino final: el viaje también cuenta.

3 **La correa te limita, pero también te mantiene a salvo y cerca de tus seres queridos.**

Las tareas del día a día pueden parecer agobiantes, pero también te recuerdan lo que es realmente importante, además de aportar estructura y propósito a tu vida.

4 **Puede que haya perros de raza más grandes y más rápidos en el barrio, pero no te han conocido a ti todavía.**

Quizás sientes que no estás del todo a la altura, pero tú eres único/a y tienes tus propios talentos y habilidades. Permite que los demás te quieran por lo que eres, no por lo que crees que deberías ser. Cada uno tiene su lugar en el mundo.

5 **Aunque el asado del domingo no es para ti, ha tentado a tus papilas gustativas.**

Si algo está fuera de tu alcance, no te desesperes. Utiliza esta energía para motivarte cada día.

«Un hombre puede sonreírte y saludarte y aun así desear que vayas al infierno; pero cuando UN BUEN PERRO MENEA SU COLA, sabes que puedes fiarte de tu amigo eterno.»

Anónimo

APRENDE DE LOS PERROS

La cola de un perro es su ancla, le proporciona equilibrio y agilidad. Encuentra tu propio centro de gravedad, el punto de equilibrio desde el cual puedes mover tus extremidades en cualquier dirección. Colócate con los pies separados a la anchura de la cadera, los hombros hacia atrás y la cabeza inclinada hacia arriba. Apoya todo tu peso en las plantas de los pies y dobla ligeramente las rodillas. Rebota tu cuerpo en esta posición de manera progresiva y siente la fuerza y la estabilidad que las plantas de los pies te proporcionan. Estira los brazos hacia arriba y dóblate hacia delante desde la cintura. Si puedes, coloca tus manos sobre tus pies durante unos segundos. Luego deshaz la postura y levanta los brazos hacia arriba. Estira las piernas y alarga la columna.

Ládrale al lado bueno de la vida

¿Quieres asegurarte de que cada día sea espléndido con una buena cantidad de premios deliciosos?

Entonces acuérdate siempre del mantra perruno **las patitas positivas abren puertas**. Parece sencillo, ¡y lo es! Nuestros amigos peludos nos lo ponen fácil. No hay necesidad de pasarse horas meditando, a menos que masticar este hueso te guste particularmente. Las patitas positivas siempre caminan con energía, dondequiera que vayan. Con lluvia o con sol, las patitas positivas avanzan con confianza indiferentes al clima. Sus pasos son tan ligeros que parece que andan por el aire. Tú puedes hacer lo mismo repitiendo este mantra mientras caminas, hablas y juegas.

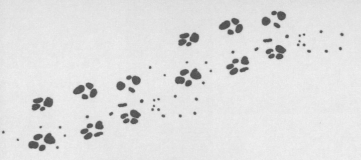

APRENDE
DE LOS PERROS

Juega en el barro de vez en cuando. No hace falta que te revuelques en él, a no ser que te apetezca. Puedes dedicarte a la jardinería en su lugar, desde plantar tiestos a quitar malas hierbas; cualquier cosa que te conecte con la tierra te dará energía y una visión positiva. Cubre tus manos en el barro y siente la humedad de la tierra pegándose a ti. ¡Disfruta la sensación de conectar con la naturaleza!

MANTRAS PERRUNOS

LAS PATITAS POSITIVAS ABREN PUERTAS

—

**UNO SE PUEDE DIVERTIR
HASTA EN EL BARRO**

—

MENEA TU CUERPO

—

SÉ PERRUNÁSTICO Y MARAVILLOSO

—

CADA PERRO TIENE SU LUGAR

«Los perros no se guían por la RAZÓN. No guardan rencor hacia nadie. No se fijan en el exterior de las personas, sino en el INTERIOR DEL SER HUMANO.»

César Millán

SIGUE TU OLFATO

El superpoder de un perro reside en su nariz. Con 300 millones de receptores olfativos y un centro olfatorio cerebral hasta cuarenta veces más grande que el nuestro, no es de extrañar que los canes puedan husmear casi cualquier cosa.

No importa lo sutil que sea el olor. Su sentido del olfato altamente desarrollado les permite identificar los componentes de un aroma específico. Mientras que a nosotros el olor de un pastel en el horno nos hace la boca agua, un perro sabe distinguir perfectamente cada uno de los ingredientes de tan delicioso bocado. Y no solo eso, probablemente también sabrá cuánto tiempo lleva en preparación y cuándo estará listo. Sus fosas nasales viajan en el tiempo y pueden percibir olores del pasado y anticipar los que están a punto de surgir. ¡Y para eso no necesita ninguna máquina del tiempo!

Para los perros su olfato es fundamental. Algo de tufillo a pescado es aceptable, pero si perciben un olor realmente extraño saltan todas sus alarmas. Desde Scooby-Doo hasta Lassie, nuestros amigos heroicos están siempre dispuestos a usar su superpoder para sacar de cualquier apuro al planeta y a la humanidad. ¡Y todo antes de su paseo matutino!

Todos sabemos que los perros gozan de una visión excelente, pero su nariz también lo "ve" todo, siguiendo el rastro de las nubes de fragante aroma que flotan a nuestro alrededor. Este, su tercer ojo, está estratégicamente situado en el centro de su morro. Absorbe los olores como un embudo: detectan desde el hedor a enfermedad hasta una caída repentina de azúcar en la sangre. Nuestras poderosas mascotas son capaces de identificar el problema más rápido que cualquier detective.

Quizás nosotros no consideramos una nariz grande un atributo de belleza, pero a nuestros perros no les falta más que un rápido olisqueo para poder localizar fajos de dinero robado, sustancias ilegales e incluso los restos de lasaña que cayeron al suelo la noche anterior. Los mejores perfumistas harían bien en emplear el poder perruno para predecir las últimas tendencias en fragancias, porque ellos saben lo que funciona, lo que encaja y lo que está totalmente fuera de lugar. Lo suyo es un enfoque desde dos frentes, una maniobra de equilibrio entre la intuición y el olfato; en esencia... **si huele bien, ¡ve a por ello!**

Otra cosa que nuestros amigos peludos adoran es husmear el trasero de otro perro. Esta técnica de establecer contacto puede parecernos demasiado atrevida y un poco invasiva; sin embargo, para ellos es una estrategia que ahorra tiempo y permite a nuestros perritos ir directamente al grano y saber con exactitud con quién están tratando con una sola olisqueada. ¿A quién le hace falta internet cuando un soplo de aire te da toda la información que necesitas? Es cierto que solo los que hablan el idioma de los perros pueden descifrar cada una de las sutilezas de este tipo de información que, además, puede salvar vidas, ya que sin estos finos detalles no habría salvación posible para los excursionistas perdidos y desesperados en la montaña.

Ten en cuenta esos olorcillos que te llegan, y confía en ti y en tus sentidos, pues es todo lo que necesitas para navegar por la vida.

¡HE AQUÍ LA NARIZ!
CELEBRA SU GRANDEZA.

Buen olfato para las cosas buenas

Desde unas alitas de pollo hasta el último pastelito, los perros saben cómo olisquear lo bueno. Para ellos, una bolsa de la compra es como el saco de Papá Noel. Afronta los días con el mismo espíritu optimista y deléitate con el olor de las recompensas.

- **Ábrete a nuevas experiencias.**
  El cambio puede ser aterrador, incluso a pequeña escala. En lugar de arrugar la nariz ante algo nuevo, respira hondo e imagina que estás mirando hacia un paisaje abierto. Imagínate entrando en este nuevo territorio. ¡Respira y sonríe!

«A los recuerdos, la imaginación, los sentimientos del pasado y las asociaciones se llega con mayor facilidad a través del SENTIDO DEL OLFATO que a través de cualquier otro canal.»

Oliver Wendell Holmes

- **Busca las salchichas.**

  Tu bolsa de la compra podría estar llena de verduras, pero el persistente y positivo perro sigue
  hurgando descaradamente. Porque claro, uno
  nunca sabe cuándo podrá encontrar el próximo
  bocado suculento. En otras palabras, positivismo
  por encima de todo. Convéncete que la vida te
  dará lo mejor y verás como no falla.

- **Absorbe el afecto.**

  Cuando alguien te haga un cumplido o te com-
  parta sus sentimientos, interiorízalo. Imagina las
  palabras llenando tu corazón de calor, y siente
  cómo la energía circula alrededor de tu cuerpo
  hasta sentir ligereza y una alegría plena.

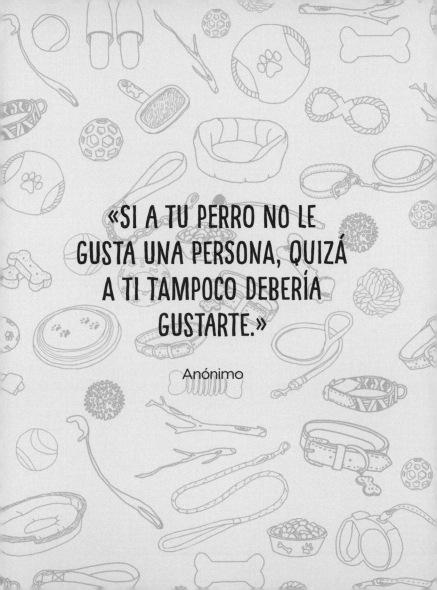

«SI A TU PERRO NO LE GUSTA UNA PERSONA, QUIZÁ A TI TAMPOCO DEBERÍA GUSTARTE.»

Anónimo

Respira con personalidad

No te cortes a la hora de respirar. Disfruta de la sensación mientras el aire penetra en tus pulmones, dándote vida y energía.

PASO UNO
Piensa en un aroma que te guste: puede ser el olor a café recién hecho, una flor o tu perfume favorito. Si puedes hacer algo para poder oler este aroma ahora mismo, hazlo; si no, trata de recrearlo mentalmente.

PASO DOS
Cierra los ojos e imagínate absorbiendo el aroma. Siente la alegría que te produce reconocer el olor y deja que la deliciosa fragancia te levante el ánimo.

PASO TRES
Inhala e imagina que estos sentimientos de satisfacción llegan a tus pulmones.

PASO CUATRO
Al exhalar imagina que liberas tensiones. Deja que la espiración fluya a través de ti e imagínala saliendo de tu cuerpo por las plantas de tus pies y tus dedos.

PASO CINCO
Repite el proceso, absorbiendo la alegría con los pulmones y dejando que cualquier estrés abandone tu cuerpo con la exhalación. Haz este ejercicio durante cinco minutos cada día. Esto mejorará tu sentido del olfato y tu intuición, además de infundirte serenidad.

APRENDE DE LOS PERROS

Cuando se trata de un aroma, los perros tienen muy claras sus preferencias. Ante un suntuoso olor experimentan un cosquilleo en su nariz y reaccionan levantando las orejas y moviendo la cola. Explora el mundo de los aromas y descubre los que más te atraen. Elabora una lista con tus olores preferidos e incluye todo aquello que te aporte energía y felicidad. Ten en cuenta aromas naturales como los de las flores, plantas, frutas y verduras, y otros favoritos como el olor a sábanas recién lavadas o el estofado de tu madre cocinándose a fuego lento en la olla. Todo vale. Se trata del amor por las cosas que huelen bien, y cómo te hacen sentir. Siempre que puedas, disfruta de esos aromas e intégralos en tu vida de forma regular.

Confía en tus sentidos

El olfato es el súper sentido del perro, funciona de manera intuitiva y capta muchos detalles más allá del simple olor. Aunque tu sentido del olfato no esté tan desarrollado, siempre puedes agudizar tu intuición y utilizarla para discernir entre lo bueno y lo malo con los siguientes consejos caninos.

- La mayoría de nuestras percepciones intuitivas se manifiestan como instintos viscerales. Aprende a distinguir las diferentes sensaciones en tus tripas para diferenciar una intuición auténtica de una mera sensación de hambre.

- Cuando conozcas a personas nuevas, ábrete y fíjate en cómo te hacen sentir en el primer momento. Toma nota de sus expresiones faciales y su lenguaje corporal para hacerte una idea de su estado de ánimo. Practica esta técnica con amigos y familiares. Establecerás una conexión intuitiva con ellos y aprenderás a leer sus emociones.

- La voz en tu cabeza puede ser tu mejor amiga o tu peor adversaria. Tu guía interna funciona mejor cuando dispones de tiempo y espacio para silenciar tu mente. Dedica cinco minutos cada día para respirar en paz. Cierra los ojos, relájate y observa cómo tus pensamientos aparecen y desaparecen de tu mente sin enfocarte en ninguno en concreto. Imagina que tu mente es como una cinta transportadora que se lleva tus pensamientos. Con esta práctica, empezarás a notar que ciertos pensamientos y mensajes destacan y significan algo.

- Ponte a prueba. Los perros de asistencia (desde los que buscan a personas perdidas a los que pueden identificar un cambio en el bienestar físico de un humano) dedican horas a la perfección de sus habilidades. Tú puedes hacer lo mismo. Ejercicios sencillos como intentar adivinar quién te está llamando por teléfono o escribir un mensaje sin mirar la pantalla te ayudarán. Tu intuición te resultará más útil a medida que vayas practicando y confiando en ella.

APRENDE DE LOS PERROS

Los perritos persisten. Cuando sienten que algo anda mal, no se dan por vencidos, incluso cuando a primera vista no es tan evidente. Aprende de los perros y mantente en tus trece. Confía en lo que sientes. Tú te conoces mejor que nadie en el mundo (aparte de tu amigo peludo), así que sé fiel a tus sentimientos. Si dudas, pregúntate: "¿Qué es lo que estoy sintiendo en este momento? Si pudiera expresarlo con una sola palabra diría..." Cultiva el hábito de escucharte regularmente para experimentar una mayor sensación de empoderamiento.

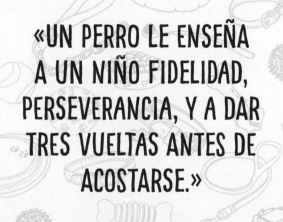

«UN PERRO LE ENSEÑA
A UN NIÑO FIDELIDAD,
PERSEVERANCIA, Y A DAR
TRES VUELTAS ANTES DE
ACOSTARSE.»

Robert Benchley

MANTRAS PERRUNOS

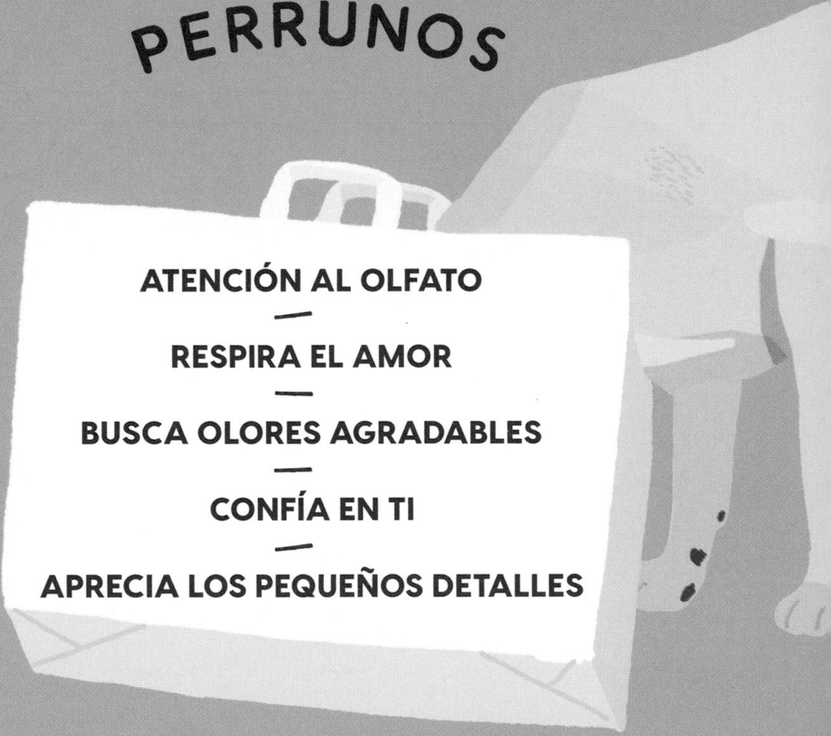

ATENCIÓN AL OLFATO

—

RESPIRA EL AMOR

—

BUSCA OLORES AGRADABLES

—

CONFÍA EN TI

—

APRECIA LOS PEQUEÑOS DETALLES

«Un perro americano hace "Woof, woof". Uno coreano "Mung, mung". Y uno polaco "How, how". Entonces, ¿cuál es la forma correcta de ladrar? Esta pregunta corresponde al ladrido de un "ser humano", no al de un "perro". Si tú y tu perro os fundís en uno al cien por cien, comprenderás el sonido del ladrido. ESTO ES UNA ENSEÑANZA ZEN. ¡BUM! La fuerza de la fusión.»

Seung Sahn

LADRA FUERTE

¿Quieres un guardaespaldas ladrador? No busques más. Los perros son unos auténticos expertos. Un gruñido feroz suele ser suficiente para mantener a raya a cualquier intruso, pero puedes contar que tu perseverante perrito no bajará la guardia y se mantendrá siempre impasible a tu lado.

Equipado con orejas como antenas y ojos de lince, a los canes no se les escapa nada. Fíjate en Cerbero, el monstruoso perro de tres cabezas de la mitología griega. No hay duda de su impacto aterrador. Se dice que tres cabezas son mejor que una. Los espeluznantes gruñidos de su mandíbula triple lo convertían en el guardián perfecto de las puertas del inframundo. Las almas pecadoras en busca de clemencia encontraban poca compasión en este hambriento perro cazador.

Defiéndete a ti mismo/a y a tu manada, así reza el lema de un perro. Hazte notar cuando sea necesario, y si no es suficiente **ladra fuerte y con orgullo**. Los lloriqueos sumisos no son la actitud del súper perro.

No valen los ladridos tímidos a la hora de montar la guardia. Deben surgir de lo más profundo de las entrañas salpicando saliva por todas partes. El ladrido avisa: "¡Oye, amigo, presta atención, ¡AHORA MISMO!" Basta de líos y tonterías.

Proteger es un instinto innato de cada perro.

Desde el Chihuahua más pequeño hasta el impresionante San Bernardo, defender es algo natural en todos los perros. Es una expresión de amor. Nuestros queridos amigos peludos están siempre ansiosos por mostrarnos su afecto. Acompañándonos en nuestro camino por la vida, se convierten en nuestros ojos y oídos adicionales y siempre están a punto para defendernos si hace falta. Nuestros leales compañeros caninos están felices de ayudarnos, haciéndonos sentir en la cima del mundo y totalmente seguros a su lado. Incluso los bebés recién nacidos reciben sus bendiciones caninas. Según algunas creencias populares, unos lametazos entusiastas en la cara son la mejor manera de garantizar que la criatura crezca sana y se cure rápidamente en caso de caer enferma o lastimarse. Los perros son simplemente adorables. ¿No crees?

Nuestros antepasados sabían lo que hacían. En la cultura mesoamericana el perro era considerado el principal guardián y protector, ya que llevaba las almas de los muertos a su lugar de descanso definitivo. No es de extrañar entonces que la gente de Chupícuaro fuera a menudo enterrada junto a sus fieles canes para asegurarse de pasar a la siguiente vida de forma segura y acompañados de un leal amigo.

NUESTROS PERROS MULTITAREA SON NUESTROS PROTECTORES Y DEFENSORES, ANTICIPAN EL FUTURO SIEMPRE PREPARADOS PARA ENFRENTARSE A CUALQUIER DESAFÍO. EL ORGULLO Y AMOR QUE DEDICAN A TODO LO QUE HACEN LOS DISTINGUE DEL RESTO DE LOS ANIMALES.

Libera tu actitud ladradora

Estos cinco consejos perrunos te ayudarán a encontrar tu fuerza interior y a experimentar un gran sentido de propósito y confianza.

1 Saber qué y quién cuenta en tu vida.
Todos los días, anota en una lista tres cosas que son importantes para ti, tres propósitos que te gustaría lograr y tres personas a las que quieres agradecer su presencia en el mundo. Ten

en mente estas listas a medida que avanza tu día y trata de alcanzar los objetivos que te has propuesto. Marca aquellos que hayas cumplido al final del día.

2 Automotívate.

Es fácil caer en la duda y perder la confianza, pero hay que mantener las cosas en perspectiva. Repetir afirmaciones positivas a lo largo del día te ayudará a recordar todo lo que estás haciendo bien. Frases simples como "Puedo hacerlo" o "Avanzo con cada paso que doy" te motivarán y te guiarán por el buen camino.

3 Ladrar cumplidos, no órdenes.

Muestra tu lado amable y positivo cuando te relaciones con los demás. Demuestra tu aprecio a las personas con un "gracias" y una sonrisa.

4 Tus deseos por escrito.

En lugar de centrarte en los aspectos negativos e imaginar el peor de los casos, usa tu creatividad canina y concéntrate en lo bueno. Escribe una pequeña historia que resuma en un par de frases aquello que deseas y cómo te gustaría que sucediera. Lee la historia en voz alta, como si estuvieras ante una audiencia. Dedica toda tu energía y pasión al cuento y trata de proyectar un resultado positivo.

5 Juega con las palabras.

Puede que la poesía no sea lo tuyo, pero las palabras son poderosas. Escribe tus afirmaciones positivas en rima y distribúyelas alrededor de la casa pegándolas en la nevera, espejos y tablones de notas. Inspírate en los mantras perrunos de este libro y úsalos como recordatorios para cambiar tu estado de ánimo.

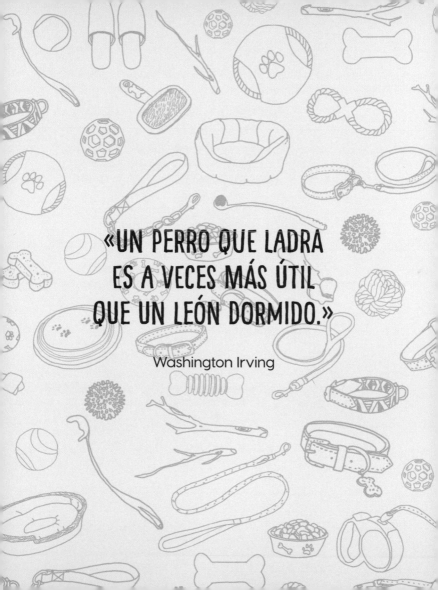

«UN PERRO QUE LADRA
ES A VECES MÁS ÚTIL
QUE UN LEÓN DORMIDO.»

Washington Irving

Aullando con perros

Ladrar a la Luna, o al sufrido cartero, segu-
ramente sea ir demasiado lejos para nosotros, pero hay algo que habla en favor del
clásico aullido que sale del alma. Existen muchas maneras de aullar a los cuatro vientos
y sentirse la mar de bien.

PASO UNO
Haz una lista de tres canciones que te inspiren
a cantar. Trata de escoger ritmos alegres lle-
nos de energía y buen rollo.

PASO DOS
Asegúrate de que no te molesten y de que tú
tampoco molestes a nadie. Ponte ropa cómo-
da y haz algo de espacio para poder moverte.

PASO TRES

Crea una lista de reproducción con las tres canciones. Como preparación puedes ponerte algunas otras canciones para empezar a calentar la voz.

PASO CUATRO

Reproduce la lista con tus canciones y sigue la letra cantando a pleno pulmón. Imagina que estás en el centro de un escenario, delante de un entregado público de fans, y canta lo más alto que puedas. ¡Déjate llevar por la música y muévete con toda libertad y sentimiento!

«UN ÁRBOL PARECE UN PERRO LADRANDO AL CIELO.»

Jack Kerouac

APRENDE DE LOS PERROS

No hay nada más contagioso que unos ladridos de alegría, especialmente cuando vienen acompañados de brincos energéticos, unas patitas peludas y una naricita húmeda que choca triunfalmente contra tu cara. Nosotros somos más reservados a la hora de expresar alegría, pero eso no significa que no podamos entusiasmarnos de la misma manera. Tu risa es tu ladrido. Utilízala con pasión. Siente los primeros temblores en el vientre, respira hondo y deja que vibre a través del pecho con fuerza. Practica la risa frente al espejo. Aunque parezca ridículo, verás como mejora tu estado de ánimo casi de inmediato.

Benevolencia canina

Los perros nos demuestran su afecto de mil maneras. No se cansan nunca de apoyarnos, guiarnos y estar a nuestro lado, son simplemente enternecedores y nos llegan al corazón. Sigue su ejemplo y comparte benevolencia canina a tutiplén.

- Pon las orejas y escucha a los demás con atención, dales tiempo y espacio para hablar, compartir sus puntos de vista y expresar sus sentimientos.

- Usa tus ojos para fijarte bien en las personas que te importan. Observa su lenguaje corporal, y cuando notes que alguien pasa por un momento difícil, échale una mano.

- Sorprende a tus amigos y familiares llevándolos a dar un paseo. Elige un lugar que nadie del grupo conozca para poder explorarlo juntos y crear buenos recuerdos.

- Quédate al lado de tus seres queridos tanto en momentos de alegría como en momentos difíciles. Conviértete en una presencia discreta pero a la vez fuerte que inspira confianza.

- No te calles, hazte oír. Si ves que alguien está sufriendo, o lo está pasando mal, di algo. Sé la voz de la razón, y si hace falta, conviértete en la voz de los demás cuando ellos mismos no logren expresar sus sentimientos. **Sé la voz en la que puedan confiar, pase lo que pase.**

APRENDE DE LOS PERROS

Mantén tus sentidos caninos en forma haciendo ejercicio regularmente. Sal afuera en un día tempestuoso y ponte de cara al viento. Siente cómo impacta sobre tu piel y mece tu pelo. Respira profundamente y aprecia los aromas y sabores que te trae. Siente tu cuerpo balancear con el zarandeo del viento y toma conciencia de cómo te hace sentir por dentro. Ve más allá y corre con el viento. Deja que te lleve hacia adelante empujando contra tu piel. ¡Respira profundamente y disfruta del baile con los elementos de la naturaleza!

MANTRAS PERRUNOS

¡VENGA, MUÉVETE!

—

AÚLLA A LOS CUATRO VIENTOS

—

BRINCA CON PASIÓN

—

VIVE - AMA - LADRA

—

¡ALÉGRATE, SÉ FELIZ!

«Los perros ladraban, los niños gritaban, todas las ventanas se abrieron; y cada alma vociferaba: ¡BIEN HECHO! Tan fuerte como podía.»

William Cowper

SÉ TU PROPIO LÍDER

En el mundo de los perros no hay talla única. Desde grandotes y voluminosos hasta esbeltos y súper sofisticados, los canes no tienen ningún problema con la diversidad.

Cada perro es único, ya sea un lindo y achuchable animalito o un atleta de asombrosa belleza, siempre predispuestos a meterse en nuestras vidas (y en nuestros bolsos) si fuera necesario. No hay perros inferiores, cada uno tiene algo que ofrecer. ¿Necesitas un cariñoso compañero para hacer mimitos en el sofá? Hecho. ¿Un rápido amigo para salir a correr, mantenerte en forma y alcanzar tus metas deportivas? Hecho. Hay para todos los gustos, **en el mundo de los perros nada es imposible.**

Y aunque sus talentos no siempre se manifiestan de manera evidente, descubrirás sus beneficios a su debido tiempo. Puede parecer que hacer el tonto no valga para nada, pero con el tiempo, estas travesuras caninas se convertirán en tu mejor antídoto después de un día difícil en la oficina. Nuestros perritos hacen valer sus diferentes talentos para regalarnos una dosis diaria de felicidad perruna con divertidos juegos en la nieve o alguna que otra ducha refrescante al sacudirse después de un baño.

No hay un único maestro en el mundo de los perros, solo alegría compartida, porque la vida es magnífica cuando aceptas quién eres y los talentos que posees.

Igual como en un puzle gigante canino, existe una pieza que encaja perfectamente en la vida y en el amor para todos. Puede que valga la pena tener el título de **LÍDER DE LA MANADA**, pero no importa lo alto que un perro puede saltar o levantar la pata, cuando hay un trasero interesante que olisquear todos estarán allí en un abrir y cerrar de ojos, porque eso es lo que son y lo que hacen los perros. Los humanos funcionamos de la misma manera, como demuestra nuestra reacción ante la irresistible mirada tierna de un perrito. ¿Quién puede resistirse a una mirada tan llena de amor? Auténtica, completa y verdaderamente especial. En el fondo lo que realmente une al ser humano con el perro y viceversa son las particularidades únicas de cada uno. A cada familia le corresponde un perro ideal, igual como en la vida, cada uno tiene su lugar.

¡ESTO MERECE UN GUAU EN LA VIDA DE CUALQUIERA!

Define tus diferencias

¿Qué te hace especial? Si te cuesta responder a esta pregunta, entonces ha llegado la hora de definir tus diferencias con un poco de ayuda canina.

PASO UNO
Haz una lista de todo aquello con lo que disfrutas: charlar con amigos, dar un paseo en un día soleado... Si te resulta difícil te puede ayudar repasar mentalmente tu rutina diaria habitual e identificar las cosas que te gustan hacer.

PASO DOS
Haz una lista de las cosas que te salen bien. Pide a tus amigos y familiares que te aporten sus ideas. A menudo destacarán cualidades tuyas que no habías tenido en cuenta.

PASO TRES
Haz una lista de tus rasgos más particulares, incluyendo hábitos, gustos, intereses y todo aquello que más aprecias.

PASO CUATRO

Repasa cada una de las listas y te darás cuenta de lo especial que eres. Marca con un círculo tres puntos de cada lista que destacan y que consideras más importantes que el resto.

PASO CINCO

Evalúa tus principales intereses y mira de combinarlos de alguna manera. Por ejemplo, es posible que te guste la limpieza y el orden y que además tengas talento para la comunicación y te interese el vlogging. Junta estos intereses y quizás puedas dedicarte a crear una serie de vlogs sobre cómo ordenar tu espacio y aprovecharlo mejor.

PASO SEIS

Piensa en cómo puedes utilizar tus habilidades y talentos de una manera más productiva, ¡y divertirte al mismo tiempo!

PASO SIETE

Sigue añadiendo puntos a la lista. A medida que te vayas centrando en las actividades con las que disfrutas y las que te salen bien, irás descubriendo otras habilidades que puedes desarrollar.

Cinco dosis de satisfacción perruna

1 **Actúa, no pierdas el tiempo.**
Los perros no malgastan su valioso tiempo perdidos en sus pensamientos o preocupaciones. Se lanzan a las cosas con entusiasmo. Si hay algo que te gusta hacer, algo que realmente disfrutas y que te hace sentir especial, ¡simplemente hazlo!

2 **Sé tú mismo/a, no intentes ser otra persona.**
No quieras copiar o competir con los demás. Nuestros peludos pueden ser competitivos en espíritu, pero mientras que el perro carlino podría luchar por ganar una carrera, no pretende ser un galgo para alcanzar la meta.

3 **Está bien hacer el tonto, destacar entre la multitud y divertirse.**
Incluso al perro más presumido no le cuesta nada pasar por alto el decoro y ensuciarse por simple diversión.

4 A por todas.

No importa lo que hagas, hazlo al cien por cien. Si no consigues algo con éxito, al menos lo has intentado y has ganado en experiencia. Siempre habrá otro día, otra carrera, otra oportunidad para probar de nuevo y triunfar.

5 Las cosas que ahora odias pueden llegar a convertirse en tus favoritas.

A primera vista, unas rodajitas de manzana no son tan tentadoras como unas hamburguesas recién hechas, pero si les añades un poquito de mantequilla de cacahuete pueden llegar a ser una delicia cuando los antojos caninos te asalten. En otras palabras, tal vez tu forma de bailar no atraiga a gran número de admiradores, pero sí podría llamar la atención del amor de tu vida.

APRENDE DE LOS PERROS

Una vez que hayas creado tu paraíso canino, asegúrate de disfrutarlo. Los perros se echan siestas frecuentes y disfrutan relajándose en compañía de sus seres queridos. Sigue su ejemplo y resérvate cada día un poco de tiempo para sentarte, respirar y recargar energías. Pon los pies en alto, cierra los ojos y concéntrate en cada respiración. Disminuye el ritmo de tu respiración y deja que tus pensamientos entren y salgan de tu mente.

APRENDE DE LOS PERROS

Aúlla a los cuatro vientos tus cualidades. Elige cada día una de las habilidades que figuran en tu lista y exprésala en una afirmación positiva. Por ejemplo, si se te da bien la cocina, puedes decir: "¡Preparo deliciosos platos para nutrir mi cuerpo y mi mente todos los días!" Repite la afirmación en voz alta cada mañana y cada noche, y mantenla en tu mente a lo largo del día.

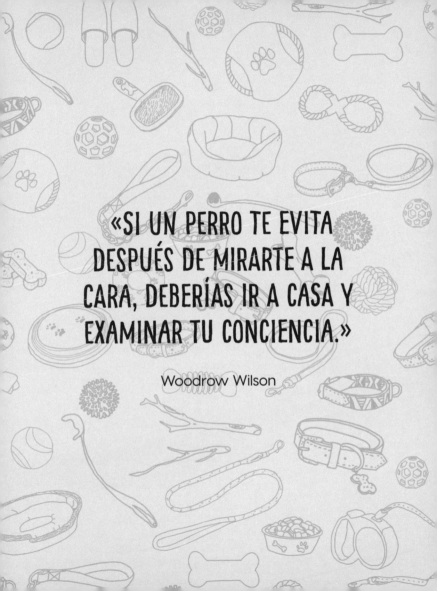

«SI UN PERRO TE EVITA DESPUÉS DE MIRARTE A LA CARA, DEBERÍAS IR A CASA Y EXAMINAR TU CONCIENCIA.»

Woodrow Wilson

Encuentra tu rincón perfecto

No hay nada como ese lugar acogedor en el sofá, un espacio privilegiado para el perro al que le encanta dormir en comodidad frente al televisor. Para algunos, es un cojín súper suave delicadamente perfumado con su propio aroma; para otros, es una cesta con su manta favorita con chuches a su alcance. Cada perro tiene sus preferencias, siempre elige el rincón más apropiado; el hueco perfecto, un sitio donde el perrito puede sentirse en paz con el mundo.

Crea tu propio paraíso canino con estos estupendos consejos perrunos, y conviértelo en un espacio donde puedas recargar tus energías y relajarte.

- Busca comodidad y texturas a la hora de elegir muebles y accesorios. Piensa en tejidos suaves y agradables que te den ganas de tocar y sentir junto a tu piel. Opta por mantas calentitas y cojines mullidos.

- Elige colores de la naturaleza: bonitos azules cielo, suaves crema que recuerdan a nubes y tonalidades de la tierra como marrones y rosas pastel que transmitan seguridad y calma.

- Rodéate de imágenes de perros jugando, te evocarán una sensación de diversión y aventura, y te recordarán la importancia de disfrutar del momento.

- El olor es primordial, así lo afirmará cualquier perro que se precie. Enciende velas aromáticas y aceites perfumados para crear un ambiente relajante. Opta por esencias como lavanda, sándalo, geranio y rosa para traer el exterior adentro e inspirar paz y bienestar.

MANTRAS PERRUNOS

A LOS PERROS LES VA LA DIVERSIDAD

—

ENCAJAS A LA PERFECCIÓN

—

A POR TODAS

—

ENCUENTRA TU PODER CANINO

—

ACÉPTATE TAL Y COMO ERES

«Un perro es el único ser en el mundo que **TE QUIERE MÁS A TI** que a sí mismo.»

Josh Billings

EL PODER DE LA PATITA

Es inevitable sonreír ante la presencia de un perro. Tanto si olfatea tu zapato, te da la patita sucia con barro, o se arrima para darte un beso lleno de babas, la verdad es que no se puede negar el poder del amor perruno.

Los perros muestran su devoción de muchas maneras. Su afán por complacer no conoce límites, puesto que siempre van mucho más allá a la hora de cumplir con sus obligaciones para plantar una sonrisa en la cara de todos los que se cruzan en su camino. Lo cierto es que la memoria a corto plazo de un perro es de unos tres segundos, lo que significa que perdonan y olvidan en un santiamén. Por ello, en su mundo no existen ni ofensas ni rencores caninos de

ningún tipo. Sus corazones sinceros y amorosos solo quieren dar, dar y dar infinitamente. Es un proceso natural que no les requiere ningún esfuerzo, forma parte de su ADN.

El amor simplemente es, y los perros simplemente son. No hay más.

El poder de la patita es curioso. Mientras nosotros podemos cansarnos de ayudar a los demás y esperar en el fondo a recibir algo a cambio, el perro nunca actúa con segundas intenciones. Su motivación surge de la necesidad de complacer y de sentir la pura felicidad que acompaña el afecto auténtico. Ya sea jugando a la pelota, al frisbee o a traer la zapatilla, la auténtica alegría reside en la entrega.

La bondad tiene su propia recompensa. Una palmada juguetona en la espalda vale más que cualquier regalo. Dice: "Tú eres mío y yo soy tuyo. Nos entendemos, somos un equipo." Es lo único que hace falta para que cualquier perrito se ponga a saltar sobre sus patitas peludas y ladre con entusiasmo.

Ofrecer una patita desinteresada significa un esfuerzo adicional con la simple recompensa de recibir una sonrisa, sin pensárselo dos veces. Una carita feliz, eso es todo lo que cuenta.

Ser entusiasta y estar siempre a punto para complacer en cualquier circunstancia significa ser un PERRO con P mayúscula.

«LA AMABILIDAD ES EL
LENGUAJE QUE LOS SORDOS
PUEDEN OÍR Y LOS CIEGOS
PUEDEN VER.»

Mark Twain

Poderes perrunos

Hacer algo por otra persona alegra a dos corazones: el nuestro y el suyo. Los perros entienden esta simple verdad y la ponen en práctica todos los días. Tú puedes hacer lo mismo. Elige al menos una sugerencia de esta lista cada día para sacarle una sonrisa a alguien.

Sé cortés.
Ábrele la puerta a otra persona.

Sé paciente.
Ponte a un lado y deja que otra persona se suba al autobús o al tren antes que tú.

Lleva la compra.
Puedes ir a hacer la compra para tus vecinos ancianos, amigos o familiares. O simplemente ayudar a alguien a llevar unas bolsas pesadas.

Entabla una conversación.
Hagas lo que hagas, siempre hay un montón de oportunidades para hablar con alguien nuevo. Por lo menos alegrarás el día a esa persona y si hay suerte harás un amigo.

Paga por otra persona.
Invita a la persona que tienes detrás de ti en la cola al café de la mañana, y verás como la amabilidad se multiplica.

Alimenta el alma.
Hornea un pastel y compártelo con amigos y compañeros del trabajo.

Ofrece palabras de ánimo.
Si alguien no se siente en su mejor momento o simplemente tiene un mal día, muéstrale algo de comprensión y dale ánimos asegurándole que todo saldrá bien.

Regala flores a alguien.
No tienen que ser caras; un bonito ramo de tu jardín causan el mismo efecto que otros ramos de flores más sofisticados.

Ofrece tus servicios como voluntario/a.
Puedes colaborar con alguna organización caritativa, o simplemente ofrecer tu ayuda de otras maneras como por ejemplo realizar alguna tarea de jardinería o encargarte de pasear a un perro.

Retrocede.
A menudo la vida se vuelve estresante. Cada uno tiene su propio ritmo. Da un paso atrás y cede tiempo y espacio a los demás en lugar de aumentar la presión. ¡Tú también notarás los beneficios!

Mostrar amor

Cuando estamos felices y seguros nos sentimos más amorosos con los demás, así que si quieres mostrar amor, lo mejor es empezar con uno mismo. Empieza asumiendo una actitud de autoaceptación, y pronto aumentarán tus ganas de manifestar a los demás lo mucho que significan para ti.

1 Colócate delante de un espejo de cuerpo entero.

2 Presta atención a tu postura, debe de ser recta con los hombros hacia atrás.

3 Imagina un hilo que sube por tu columna vertebral y sale por la parte superior de tu cabeza. Siente como tira de ti suavemente hacia arriba alargando tu cuerpo.

4 Observa tu reflejo en el espejo, prestando atención a cada parte de tu cuerpo y notando cómo el conjunto encaja a la perfección.

5 Ten en cuenta todas las partes de tu cuerpo, toma conciencia de su funcionamiento y lo que hacen por ti todos los días.

6 Mírate a los ojos y da gracias por el milagro que eres.

7 Repite estos pasos al menos una vez al día para quererte un poco más.

«Si pudiera ser la MITAD
de la persona que es
mi perro, sería el DOBLE
del humano que soy.»

Charles Yu

APRENDE
DE LOS PERROS

A nuestros perros les encanta frotar su nariz contra nosotros, desde luego es un gesto lleno de amor. Nuestras mascotas son conscientes del poder del tacto y entienden que contribuye a que las personas se sientan seguras y apreciadas. No importa si es un simple toque en el brazo, un rápido achuchón o un fuerte abrazo, establecer contacto de esta manera no amenazante lo dice todo. Si regalas abrazos sin reservas también notarás los beneficios al aumentar los niveles de oxitocina.

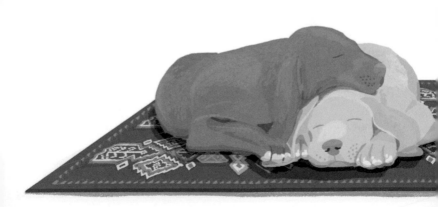

Dejar ir el rencor

¿Sientes algún resentimiento que aún te hace gruñir? Puede que no sea fácil olvidarlo, pero puedes aprender a dejarlo ir y liberar el dolor. Quítate un peso de encima y adopta una perspectiva más positiva con este ejercicio paso a paso.

PASO UNO
Enciende una vela para crear un ambiente relajante. Perfuma el entorno con aceite de lavanda para promover la paz y la calma interior.

PASO DOS
Anótalo todo en un papel. Si se trata de una persona que te haya molestado, escribe lo que hizo y cómo te hizo sentir. Si se trata de una situación concreta, descríbela e incluye todas las emociones que recuerdes.

PASO TRES
Dobla el papel y sostenlo en tus manos. Cierra los ojos y ralentiza la respiración.

PASO CUATRO
Repite, "Lo dejo ir. Lo libero. Soy libre."

PASO CINCO
Abre los ojos y enciende el papel con la llama de la vela, luego déjalo quemar en un plato ignífugo hasta que quede reducido a cenizas.

PASO SEIS
Lleva las cenizas afuera y espárcelas. Al hacerlo, repite la afirmación: "Lo dejo ir. Lo libero. Soy libre."

APRENDE DE LOS PERROS

Los perros ganan amigos y admiradores porque no se reprimen. Te colmarán de cariño y te mostrarán lo encantados que están de verte, incluso cuando tengas un mal día. Ya puedes poner cara de pocos amigos, eso para tu perro no es más que una invitación abierta para matarte a besos, ¡y funciona! Sigue su ejemplo y haz lucir tu encanto. Cuando te enfrentes a una persona o a una situación difícil, en lugar de enojarte o frustrarte, haz un esfuerzo y reacciona de manera súper amable. Pon tu más amplia sonrisa y responde: "¿Qué puedo hacer para mejorar las cosas?"

«Errar es humano... **PERDONAR** es canino.»

Anónimo

MANTRAS PERRUNOS

PERRUNAMENTE COMPLACIENTE

—

ATACA CON AMABILIDAD

—

¡DA, DA Y DA!

—

FUERA RENCORES

—

SÉ DEL EQUIPO DE TODOS

«El **VÍNCULO** con un perro es el más duradero de todos los que puedan existir en esta tierra.»

Konrad Lorenz

Directora de publicaciones Sarah
Lavelle
Editora Harriet Webster
Diseño Nicola Ellis
Ilustraciones Hanna Melin
Director de producción Vincent Smith
Controlador de producción Nikolaus
Ginelli

Primera edición publicada en 2019
por Quadrille Publishing, un sello de
Hardie Grant Publishing

Quadrille
52–54 Southwark Street
London SE1 1UN
www.quadrille.com

Texto © Alison Davies 2019
Ilustraciones © Hanna Melin 2019
Diseño © Quadrille 2019

© 2019, Redbook Ediciones, s. l.,
Barcelona

Traducción al español y
compaginación: Amanda Martínez

ISBN: 978-84-9917-569-O
Depósito legal: B-18.335-2019
Impreso en China - *Printed in China*